# 朝日新聞社機、読売新聞社機が撮った

# 空から見た関西の街と鉄道駅

## 【1950～80年代】

### 解説　牧野和人

大阪市街地の東北側で大通りの天神橋筋と都島通りが交差する天神橋筋6丁目。阪急千里線と大阪市営地下鉄（現・大阪高速電気軌道【Osaka Metro】）堺筋線の駅は交差点の地下にある。阪急の駅はかつて京都本線の終点だった元天神橋駅。地下鉄駅は1969（昭和44）年の堺筋線開業時に開設された。同時に天神橋駅は天神橋筋六丁目と統合され、両鉄道で相互直通運転を開始した。天神橋筋の左手一筋向うに日本一長い商店街として知られる天神橋筋商店街の出入り口がある。◎1984（昭和59）年6月13日　撮影：読売新聞社

# .....Contents

阪急の京都本線と千里線が乗り入れる淡路駅。両路線は構内でX字状に平面交差する。そのため、2面あるホームのうち2、3号線は両路線の上り列車用で、4、5号線は下り線用となっている。1号線は欠番だ。かつては2号線の向かい側にホームがあり、十三〜当駅間を十三線としていた時代には、専用ホームとして使用されていた。しかし、1954（昭和29）年にホームは撤去され、十三線は1959（昭和34）年に京都本線へ編入された。現在は写真手前の通りを左手に進んだ突き当りにJR淡路駅がある。当駅はJR西日本おおさか東線の開業に伴って開業した。
◎1984（昭和59）年4月13日　撮影：読売新聞社

**淡路駅周辺**
1984年
（昭和59年）

# はじめに

　明治時代の創業期以来、鉄路の象徴であった蒸気機関車が、昭和40年代半ばで国鉄線上から姿を消した関西圏の鉄道。東海道新幹線が開業し、主要在来線や私鉄は電化されて、新世代の車両が頻繁に行き交うようになったが、それでもなお鉄道は沿線の街と共に変わり続けた。相互乗り入れに伴う新線の建設。駅の高架化、地下化。新たな地下鉄の開業とそれに伴う路面電車の廃止。また、コンクリートの高架橋が眩しい新線開業の影で、消えていった盲腸線もある。そして変化の速度は近年になって、さらに加速しているように窺える。元号が令和となった今日。平成時代を跨いだ先に置かれた昭和の記憶は、歴史上の1頁になろうとしている。

2022（令和４）年７月　牧野和人

1970（昭和45）年に大阪千里丘陵で開催された日本万国博覧会。会場へ向かう交通手段として、大阪市営地下鉄（現・大阪市高速電気軌道【Osaka Metro】）地下鉄１号線（御堂筋線）を新大阪〜江坂間で延伸。さらに江坂と万国博中央口を結ぶ鉄道南北線、会場線が第三セクター会社として立ち上げられた北大阪急行電鉄により建設された。写真の電車は万博の開催初日に一番列車となるべく、千里中央駅に入って来た列車。会場線は万博終了後に廃止、撤去され、期間中仮駅だった千里中央駅は、現在の場所に移転した。◎1970（昭和45）年２月24日　撮影：朝日新聞社

# 第1章

## 大阪環状線を巡る

明治時代に建設された、二代目駅舎が供与されていた頃の大阪駅周辺。駅前には瓦葺の家屋が集まり、細い通りと共に昭和
初期における駅前商店街の面持ちを窺わせる。旅客ホームが並ぶ写真の上方には、貨物を取り扱う梅田駅等の構内が続く。
元来、大阪駅は客貨の取り扱いや車両基地の機能を合わせ持っていた。しかし、増大する需要に対応すべく、旅客ホームは高
架化。貨物機能は大阪駅から分離して、構内の北側に梅田駅を1928（昭和3）年に開業した。
◎1928（昭和3）年　撮影：朝日新聞社

大阪市役所、中央公会堂等が建つ大阪市内の中州、中之島界隈を大阪証券取引所があるなにわの金融街、北浜上空から望む。
写真手前に架かるのは難波橋。堂島川が流れる天満、梅田方面との間には大江橋、渡辺橋等、市内を横断する大通りの橋を遠
望することができる。当時は市電以外に鉄道と縁遠かった中之島に鉄道がやって来たのは2008（平成20）年10月19日。京阪電
気鉄道が中之島線として中之島〜天満橋間3㎞を開業した。同時になにわ橋、大江橋、渡辺橋、中之島の4駅が中之島に誕生
した。◎1930（昭和5）年　撮影：朝日新聞社

照りつける夏の日差しが、大阪駅の界隈を深い陰影を伴って映し出した。写真中央には梅田地区で戦後復興の象徴となった三代目駅舎。隣接して整備された駐車場に見える車の数は思いのほか少ない。構内北側と直角に対峙する上屋群は貨物駅の梅田だ。1984（昭和59）年に廃止されるまで、西日本屈指の鉄道貨物輸送拠点だった。右隣に建つ重厚なたたずまいのビルは阪急百貨店。国鉄の線路を隔てて、阪急の梅田（現・大阪梅田）駅がある。左側の建物は大阪中央郵便局だ。かつては局敷地内に貨物側線が延びていた。駅前から南に延びる四つ橋筋には大阪市電が走る。◎1955（昭和30）年7月31日　撮影：読売新聞社

長大な編成を連ねた急行列車が大阪駅を発車した。当駅の2番線ホームは全長451.5mで国内最長を誇っていた。当時の国鉄は赤字財政下で列車のサービスにまで数々の合理化策を打ち出していた。その一環として、在来線の優等列車に連結されていた食堂車やビュッフェ車は多くが廃止された。大阪と北陸方面を結んでいた急行列車もその例外ではなかったが、その後もグリーン車を組み込んだ編成で前面にヘッドマークを掲げた姿は、近代化の先駆けとして登場した急行型電車全盛時の雰囲気を残していた。◎1979（昭和54）年9月　撮影：朝日新聞社

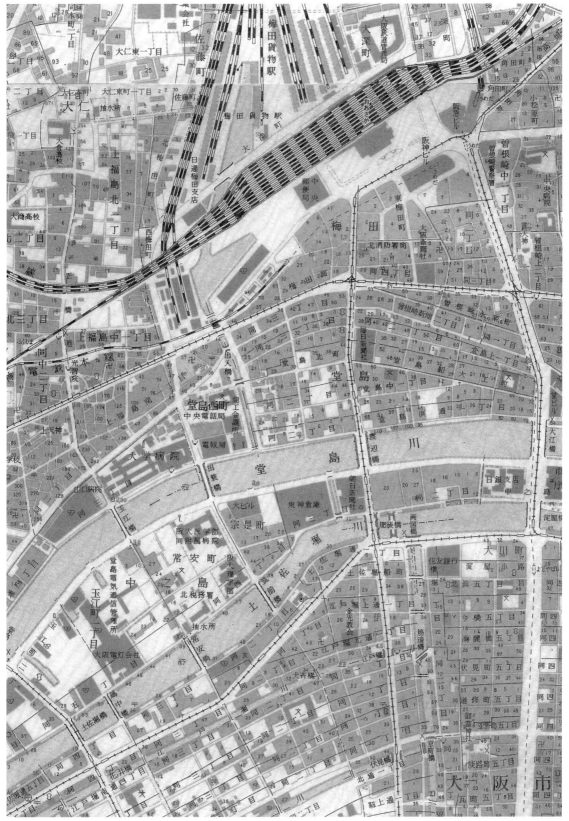

大阪市電の軌道が街中を縦横無尽に通っていた頃の大阪駅周辺。梅田の繁華街へ続く大阪の玄関口には国鉄東海道本線、大阪環状線等の列車が乗り入れる。構内の北側には道一本隔てて、貨物扱いを行う梅田駅があった。西側の線路は駅に隣接する大阪中央郵便局の構内まで引き込まれていた。また駅前では、本線から延びる引き込み線が地下に入って行く。

開業から間もない、初々しい佇まいの淀川駅。1927（昭和2）年、後に大阪環状線の一部となった城東線桜ノ宮駅の北方に開設された。京橋、放出から延びる貨物線の終点だった。城東線が電化されると淀川電車区が駅に隣接して開場した。昭和末期には自動車の台頭等により鉄道貨物輸送は衰退。1982（昭和57）年11月15日を以て当駅は廃止されたが、電車区への出入線であった旧駅周辺は淀川信号場として存続した。しかし淀川電車区の移転により、信号場も1985（昭和60）年3月14日に廃止された。◎1928（昭和3）年　撮影：朝日新聞社

写真を横断する国鉄大阪環状線京橋駅の周辺に、片町線の終点片町駅と京阪電鉄京阪本線の京阪片町駅、京阪京橋駅が集まる大阪市都島区の寝屋川北岸界隈。京阪本線天満橋～野江間の高架複々線化による経路変更を翌年に控え、雑然とした鉄道沿線の雰囲気が未だ色濃く残っていた。高架化に伴い、京阪京橋駅は国鉄駅との交差部に移転。連絡していた京阪片町駅は廃止された。また、同時期に架線電圧を600Vから1500Vに昇圧するための準備工事も始められた。
◎1968（昭和43）年2月　撮影：朝日新聞社

森ノ宮車両基地
1961年
（昭和36年）

1960（昭和35）年に淀川電車区森ノ宮派出所として開設された車両基地。後に大阪環状線を形成した城東線、西成線で運転する電車が配置された。広大な構内は第二次世界大戦時まで兵器の製造を担った、大阪砲兵工廠跡地に建設された。翌年には淀川電車区から離れ、森ノ宮電車区と改称した。同施設は国鉄の分割民営化後に実施された組織改正で、検収部門が吹田総合車両所森ノ宮支所となり、現在の森ノ宮電車区は乗務員のみが在籍する組織になっている。
◎1961（昭和36）年3月30日　撮影：朝日新聞社

近畿日本鉄道大阪線と奈良線の電車が発着する鶴橋駅。上本町方の構内を国鉄大阪環状線の駅ホームが跨ぐ。写真は12月の路線別運転実施を控え、複々線化が完成して間もない頃に撮影されたもの。前年にはホームが新設され、下り線が1本増設された。路線別の運転が実施されると、写真左手の複線が大阪線で右側の複線が奈良線用になる。後に運転形態が見直され、1975（昭和50）年に再び方向別の運転となった。現在では大阪線、奈良線の列車が隣り合って並走する様子を見ることができる。◎1956（昭和31）年8月9日　撮影：朝日新聞社

大阪ミナミの大通り、あびこ筋を隔て二つの巨大駅が並ぶ。写真の右側は国鉄天王寺駅。谷町筋に面して建つ駅ビルは1962（昭和37）年に竣工した。同駅には関西本線、大阪環状線、阪和線、南海電気鉄道の南海天王寺支線が乗り入れる。これらのうち、南海天王寺支線は地下鉄の延伸で1993（平成5）年4月1日に全区間が廃止された。写真下部には近畿日本鉄道南大阪線の起点大阪阿部野橋駅。行き止まりホームの先に建つターミナルビルは1957（昭和32）年に竣工。現在は同様の場所に超高層ビルの「あべのハルカス」がそびえる。◎1963（昭和38）年5月14日　撮影：朝日新聞社

南海電鉄の難波～岸里玉出間は南海本線に属する。しかし、高野線の電車も難波まで乗り入れる重複区間であり、線路は複々線の形状になっている。遠望される今宮戎駅には、高野線と南海本線の一部普通列車が運転される東側の線路のみにホームが設置されている。写真手前で南海の線路を潜るのは国鉄関西本線。逆向きの8620形が牽引する貨物列車は、境川信号場より大阪臨港線に入る。1964（昭和39）年に大阪環状線が全通し、国鉄と南海の立体交差付近に新今宮駅が開業した。
◎1956（昭和31）年8月18日　撮影：朝日新聞社

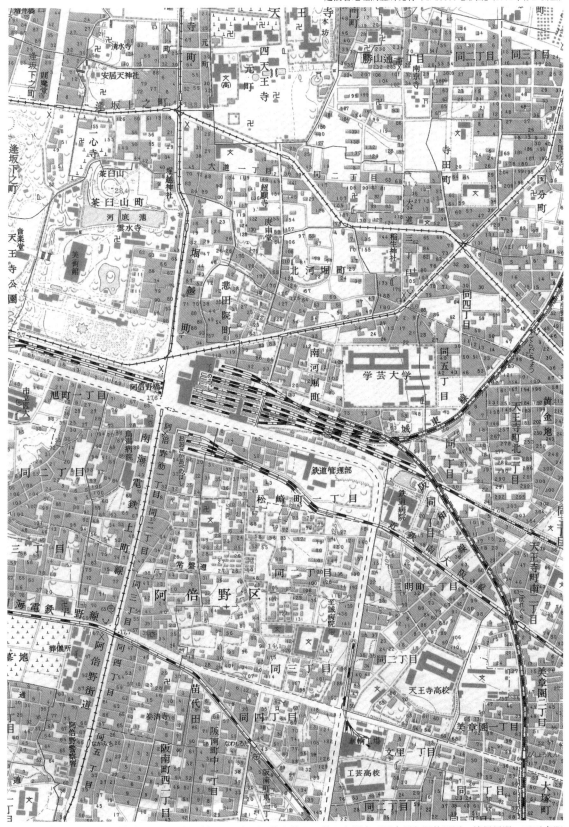

国鉄天王寺駅と近畿日本鉄道の大阪阿部野橋駅が、あびこ筋を挟んで並ぶ大阪市天王寺区と阿倍野区の境界界隈。天王寺駅には東方から関西本線、阪和線、大阪環状線が集まって来るが、1961（昭和36）年に全通した大阪環状線に該当する線路は城東線と表記されている。大阪阿部野橋駅がある区画にも、鉄道管理部や鉄道病院等、国鉄の施設が集まっていた。

1961（昭和36）年4月25日に西九条〜天王寺間を大阪市内の西部経由で結ぶ路線が開業。既存の城東線、西成線の一部を統合して大阪環状線が完成した。それに伴い、木津川と道頓堀川、尻無川の交差点付近に架かる大正橋の南西方に大正駅が開設された。大阪環状線となった路線のうち、境川信号場〜今宮間は関西本線の貨物支線として1928（昭和3）年に開業していたが、旅客線化に伴い途中駅が追加された。大正駅のすぐ天王寺方にはダブルワーレントラス構造の個性的な形状をした鉄橋が木津川に架かる。◎1960（昭和35）年　撮影：朝日新聞社

大阪環状線の成立、開業に合わせて開設された弁天町駅。翌年には隣接して博物館施設の交通科学館（後の交通科学博物館）が開館した。同施設は鉄道90周年事業の一環として建設された。館内には歴史的価値の高い車両が集められた。開館に向けて整備が進む中で屋外に設置されている蒸気機関車はC53 45号機。三シリンダーを備える往年の急客機である。第二次世界大戦後は教習用として鷹取工場に留め置かれていた。しかし、博物館入りを前に走行できる状態にまで復元整備され、1961（昭和36）年9月、二日間に亘り吹田操車場～鷹取間を走行した。◎1961（昭和36）年12月27日　撮影：朝日新聞社

街中で雄大な曲線を描くのは建設が進む大阪環状線の高架橋。国道172号線と立体交差する付近から北側を望む。画面上方
の白い上屋は弁天町駅。その手前では大阪市営地下鉄4号線（現・大阪市高速電気軌道【Osaka Metro】　高速電気軌道第4号
線【中央線】）の建設工事が行われている。国鉄線上にはコンクリート橋が架かり、こちらも完成間近の様子だ。高度経済成
長期の渦中。近代化を図って建設された鉄道の沿線は大都市圏にあっても、木造家屋が建ち並び、草原や茂みと思しき空き
地が散見されるのどかさが漂っていた。◎1961（昭和36）年4月2日　撮影：朝日新聞社

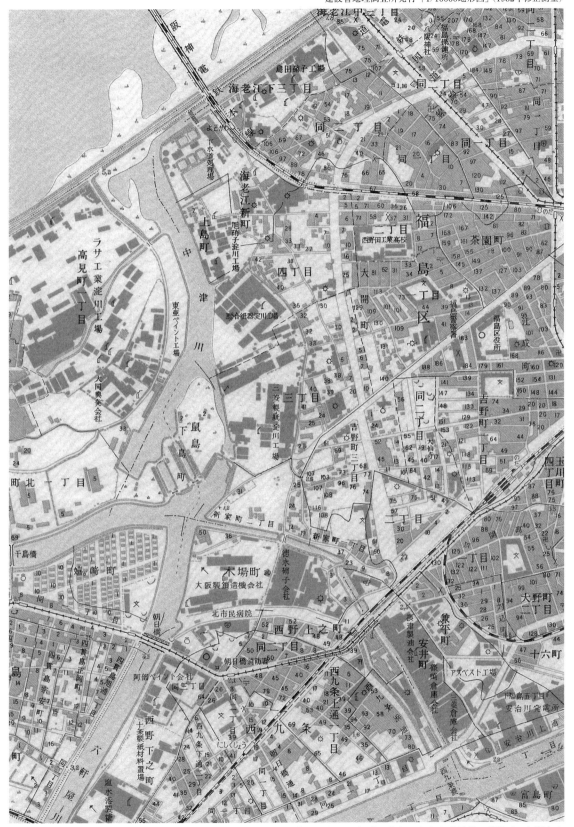

国鉄と阪神の駅が街の南北に離れて建つ大阪市福島区野田。国鉄野田駅から左手に曲がる大きな半円状の線路は、大阪市中央卸売市場へ続く貨物支線。路線の総延長は1.5kmで、終点大阪市場駅は安治川の岸近くにあった。野田駅と駅の西方にあった三菱製紙淀川工場を結ぶ専用線は1953（昭和28）年に竣工。西成線時代の当駅は、貨物輸送の拠点でもあった。

全線の高架化が完成した大阪環状線。西九条駅付近を101系電車が行き交う。ホームの左手には地上駅時代の構内が姿を留めていた。また写真奥の上部アーチ橋は、安治川を渡っている。写真中央部で国鉄の旧線を跨ぐ線路は、大阪市営電気鉄道（大阪市電）西野田桜島線の旧線。大阪環状線の高架化で、軌道は地上へ移設された。写真下部より先の高架橋下に兼平町電停。西九条より西方へ延びる桜島線の近くに西九条電停があった。路線は1968（昭和43）年に廃止された。
◎1964（昭和39）年3月22日　撮影：朝日新聞社

阪神電鉄は第二次世界大戦後に阪神本線の大物駅から分岐して別線で淀川を渡り、大阪市内の千鳥橋駅まで延伸していた伝法線を、さらに難波まで延伸する計画を立ち上げた。難波延長線第一期工事として建設された千鳥橋～西九条間が1964（昭和39）年5月21日に開業。同時に路線名を西大阪線と改めた。高加減速が売り物の阪神電車が、国鉄大阪環状線のホームに101系が停車する西九条駅へ入って行く。大阪の新たな鉄道風景が姿を現わそうとしていた。

◎1964（昭和39）年5月11日　撮影：朝日新聞社

**朝潮橋周辺**
**1961年**
**（昭和36年）**

臨海部で建設が進む大阪市営電気鉄道（現・大阪市高速電気軌道【Osaka Metro】）高速軌道第4号線（中央線）。写真手前に朝潮橋がある。駅の左手に建つかまぼこ状の屋根を載せた建物は地下鉄の開業に合わせて建設された港検車場。地下鉄の建設当時は未だ健在であった大阪市電の港車庫に併設された。新線の右手に見える広大な空き地は大阪市立運動場の跡地だ。1964（昭和39）年、長居公園に競技場ができ、同施設は使われなくなった。後に国際見本市の会場となり、現在は体育館、プールを備える八幡屋公園として再整備された。

◎1961（昭和36）年7月12日
撮影：朝日新聞社

西成線時代の安治川口駅。櫛状に広がる線路上には長い編成の貨車が留め置かれ、鉄道貨物輸送の隆盛を窺わせる。構内の中程にある船溜まりの左手には国鉄の用品庫。右手には石炭埠頭がある。駅の周辺には大規模な工場がいくつも建ち、駅は製品の積み出し基地、原材料等の集荷場としての役割を果たして来た。当地に建設された会社、工場は住友金属、住友化学、汽車製造、大阪ガス等、実に多種多様であった。また、西成線の北側を通る北港通りで運行していた大阪市営電気鉄道（大阪市電）西野田桜島線の車庫が写真左上付近にあった。◎1958（昭和33）年2月　撮影：朝日新聞社

# 第2章

## 大阪から神戸・姫路方面へ、山陽電気鉄道沿線

鉄道貨物輸送が盛んだった国鉄時代末期の東海道本線尼崎駅周辺。北口に駅舎が建つ。駅舎に隣接する長い屋根は、貨物ホームの上屋である。当駅は市の鉄道玄関口と共に、1980年代までは地域における鉄道貨物の取扱い拠点だった。駅周辺、沿線には大きな工場がある。大手企業の工場と駅構内を結ぶ専用線も数多く敷設されていた。しかし、国鉄が合理化施策の一環として貨物事業形態の見直しを行い、構内に留め置かれた貨車は数を減らしていった。1995年、最後まで残っていた新王子製紙（現・王子製紙）工場の荷を載せた便を以て、当駅発の貨物列車はなくなった。
◎1980（昭和55）年7月15日
撮影：読売新聞社

沿線に家屋が建て込んでいる東海道本線の立花駅周辺。駅の神戸方では道路の立体交差化工事が行われている。線路を横切る道路からは二車線の橋が延びる。道路橋は現在、線路上付近のみ片側二車線の四車線となっている。都市圏等で鉄道が町を分断し、その解決策として道路との立体交差化が施工された例は今日に至るまで多い。立花駅がある兵庫県尼崎市内では東海道本線の南側に国道2号線。北側に主要道である山幹通りがあり、市街地を南北に行き来する際には鉄道を渡らねばならない。◎1971（昭和46）年5月　撮影：朝日新聞社

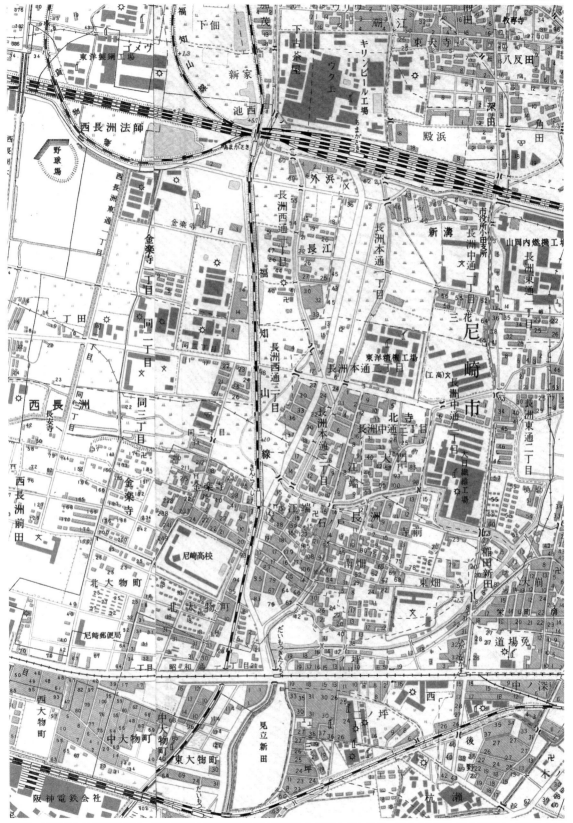

長洲～尼崎（後の尼崎港）間は、明治時代に川辺馬車鉄道が開業した福知山線の始祖。港から尼崎に至る線路は、車窓から田畑が散見される長閑な郊外部を通っていた。支線の尼崎駅は東海道本線等の駅と別に、構内外れの築堤上にあった。東海道本線を跨いだ線路は、尼崎駅の西方で大きな曲線を描いて北を向く、福知山線の本線と合流していた。

**三ノ宮駅周辺 1969年（昭和44年）**

国鉄東海道本線　阪急電鉄神戸線、阪神電鉄本線が集まる神戸三宮界隈。阪急、阪神の両路線は三宮駅を境に山陽電鉄へ乗り入れるべく、西に線路を延ばしている。昭和40年代の半ばまでは、市内を横断する主要道に市電もあった。国鉄三ノ宮駅の上空から西側の臨海部を望むと、区画整理された市街地にビルが建ち並び、伝統の港町が高度経済成長で急速に近代化された様子を見て取れる。写真中央部の三宮センター街に面した一画では複合施設の「さんプラザ」が建設中。湾口部には港の象徴となったポートタワーがある。
◎1969（昭和44）年9月
撮影：朝日新聞社

東海道本線の終点。神戸駅周辺は神戸市の南西部に当たる。写真の中央部やや左側にある高架ホームが神戸駅構内。写真下部に写るホームは兵庫駅だ。当駅の海側構内からは臨海工場地帯となっている和田岬まで2.7kmの短路線が延びている。和田岬線と呼ばれる山陽本線の支線は、朝夕のみに列車が運転される通勤路線だ。東海道、山陽本線を隔てて海側に国道2号線。山の手側に国道28号線が続く。国道2号上では、阪神高速3号神戸線の建設工事が行われている。
◎1965（昭和40）年7月20日　撮影：朝日新聞社

神戸駅周辺
1984年
（昭和59年）

東海道本線の終点にして山陽本線の起点駅神戸。昭和初期に高架化された駅構内の北側に駅舎がある。画面奥の幾条もの線路が並ぶ一角は湊川駅。東海道貨物支線の駅で、神戸駅が貨物の取り扱いを廃止した際に、貨物業務を請け負うかたちで1928（昭和3年）年に開業した。関西地区西部の貨物集積地だったが、貨物支線の廃止で1985（昭和60）年に廃駅となった。両駅の間を横切る高架道路は今日の貨物輸送を担う阪神高速3号神戸線だ。
◎1984（昭和59）年4月14日
撮影：読売新聞社

山陽新幹線の岡山開業に伴って開設された新神戸駅。新幹線は神戸の市街地を避け、六甲山の南麓を横断するように建設された。そのため、当駅は六甲トンネルと神戸トンネルの間にある谷筋の狭小地に設置された。新幹線の単独駅であり、三ノ宮等在来線の主要駅とは地下鉄、バス等で連絡する。神戸市内発着の乗車券に限り、当駅と三ノ宮、元町、神戸、新長田の各駅で新幹線と在来線を乗り継ぐための「特別下車」が認められている。現在、新神戸駅には全ての営業列車が停車する。
◎1972（昭和47）年３月　撮影：朝日新聞社

山陽本線が神戸の市街地を過ぎて、海岸部へ出た所に設置された須磨駅。ホーム2面4線の構内配線だが、山側を通る列車
線にホームは設けられておらず、電車線を走る快速、普通列車等が停車する。但し、場内、出発信号機は列車線に対応するも
のを含めて、構内に設置されている。駅周辺の砂浜は阪神地域最大の海水浴場として広く知られた景勝地。線路の背景になっ
ている森は、神戸市が管理運営する須磨浦公園だ。一ノ谷の合戦が繰り広げられた源平の古戦場でもある。隣接する鉢伏山
（246m）の山上までは、ロープウェイで上がることができる。◎1965（昭和40）年3月　撮影：朝日新聞社

地上駅時代の山陽電鉄板宿界隈。姫路から直通する電車が、神戸市西部の繁華街長田区の西代まで乗り入れていた。当駅は明治時代に兵庫電気鉄道が兵庫（後の電鉄兵庫）〜須磨（現・山陽須磨）間を開業した際に開設。後に会社合併、路線の譲渡を経て、宇治川電気から山陽電気鉄道の施設となった。1995（平成7）年1月17日に発生した阪神淡路大震災でホーム等が被災し、山陽電鉄は不通となった。しかし、以前から計画されていた駅の地下化工事を前倒しして行い、同年3月24日より東須磨方面への運転を再開。6月18日に西代方面への運転も再開した。

◎1984（昭和59）年4月14日
撮影：読売新聞社

海岸線の至近を通る国道2号線と合わせて、四段の交通路が続いていた。2両編成の古風な電車が走る、最も山の手に敷かれた複線は山陽電鉄本線。その隣は山陽本線の列車線。さらに下段を山陽本線の電車線が通る。写真は列車線が開業した当日に撮影されたもので、道床に撒かれたバラストや法面、擁壁は白く真新しい雰囲気を湛える。列車線をEF58牽引の上り列車が進み、その向こう側には走り去る下り列車が見える。車両の近代化は進んでいたが、長距離列車では未だ客車が主力だった。◎1965（昭和40）年3月28日　撮影：朝日新聞社

昭和30年代の半ばに入り、山陽本線の神戸市郊外で複々線化事業が始まった。本線に沿って工事現場が続く中、写真中央部の区画では未だ旧宅の取り壊しが済んでいないようだ。1965（昭和40）年3月28日に鷹取～西明石間の複々線化が完成した。工事現場の傍らを行くキハ82系は特急「へいわ」。1961（昭和36）年10月の大規模ダイヤ改正で、大阪～広島間に新設された。しかし「へいわ」は、1962（昭和37）年6月に東京～広島間の運転となった特急「つばめ」1往復に吸収されて列車名が消滅した。
◎1961（昭和36）年12月23日　撮影：朝日新聞社

明石駅
1961年
（昭和36年）

山陽本線の複々線化でホームを新設中の明石駅。高架駅の完成で、構内は西へ約160m移動した。既存のホームへ入って来た湘南窓の電車は80系。戦後生まれの近代型電車は、昭和30年代の幹線で長距離、近郊区間の輸送を担う主力車両だった。写真左上の線路は山陽電鉄本線で、明石市街地を山陽本線と並んで横断する。国鉄線との連絡駅である電鉄明石駅（現・山陽明石駅）は、1991（平成3）年に周辺の路線共々高架化された。両駅の北側には喜春城、錦江城の異名を持つ、旧明石藩の居城である明石城がある。◎1961（昭和36）年12月23日　撮影：朝日新聞社

兵庫県下の瀬戸内側、東播磨地域の主要都市加古川。市の鉄道玄関口である加古川駅は県中央部を流れる加古川の下流域東
岸に広がる街中に設置された。昭和40年代半ば、地平部に広がっていた構内の跨線橋が連絡するホームに湘南色の普通電車
が停まる幹線の風情。また駅舎と反対側の最も南側にあるホームには、加古川線の気動車が停まっている。そのさらに南側
には幾条もの側線が敷かれ、二軸貨車等が留め置かれている。国鉄の主な駅で貨物扱いを行っていた頃の日常風景だ。
◎1971（昭和46）年6月1日　撮影：朝日新聞社

山陽新幹線の建設工事が進む山陽本線の姫路駅。新幹線駅の工事現場と在来線ホームの間には幾条もの留置線があり、旧型客車等が留め置かれている。留置線沿いには乗務員や保線関係等の詰所、倉庫が並ぶ。国鉄時代の大規模な駅で見られた光景だ。当駅は山陽本線の他、播但線、姫新線の始発駅でもある鉄道拠点。また、駅前付近から南西部にある観光地手柄山まで、1.6kmのモノレール線が姫路市交通局により1974（昭和49）年まで運転されていた。写真奥には市の象徴である姫路城の天守閣が見える。◎1969（昭和44）年5月3日　撮影：朝日新聞社

**相生駅周辺**
**1973年**
**(昭和48年)**

湾口部へ続く駅の南側に市街地が発展した兵庫県相生市。山陽新幹線の岡山開業後は、駅の北側に当たる山手地区で、山林畑等を切り開いた宅地造成が始まった。相生界隈では古くから人の文化的営みがあったとされ、それを実証するかのように造成の過程でいくつかの古墳が見つかった。山陽新幹線の高架を奥に望む画面の中央部に写る、周囲を削り取られた丘は大塚ハザ古墳。基径約32mの円墳で、表面採集された埴輪から、5世紀後半に造られた物と推測される。現在、古墳の周辺は公園に整備されている。
◎1973(昭和48)年3月
撮影：朝日新聞社

**上郡駅**
**1959年**
**（昭和34年）**

昭和30年代半ばに入って、山陽本線は
姫路駅と兵庫県西端部の駅上郡まで
の区間が電化された。電化開業初日。
80系電車が到着すると式典が執り行
われ、ホームは近代化を祝福する見物
客で溢れた。また、決して広くはない
駅前も、人と自動車でごった返した。
山陽本線は上郡駅より西方で、船坂ト
ンネルを潜る急峻な山越え区間にな
る。しかし電化の進展は難所をもの
ともせず、翌年には岡山県下の中心都
市である岡山を過ぎて、倉敷駅までの
電化が達成された。
◎1959（昭和34）年9月22日
撮影：朝日新聞社

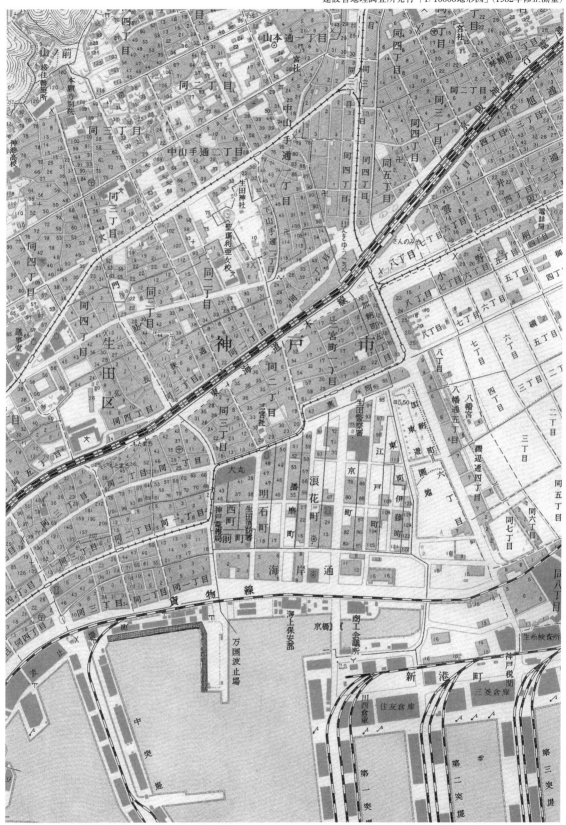

国鉄東海道本線、阪急神戸本線、阪神本線が乗り入れる神戸の繁華街三宮。神戸市電が健在だった頃の線形は現在と変わらず、国鉄駅の北側に阪急神戸本線の終点、三宮（現・神戸三宮）駅がある。阪神本線の三宮（現・神戸三宮）駅は、国鉄駅の南側地下にある。神戸市内を軌道線で運転していた阪神は、1933（昭和8）年に岩屋～神戸間を地下の新線に切り替え、軌道区間を廃止した。

# 第3章

## 大阪から
## 京都・滋賀方面へ

まだ田畑が目立つ昭和30年代半ばの宮原操車場周辺。所在地は大阪の市街地から淀川対岸に当たる淀川区宮原となる。東海道本線等で運転する車両の拠り所であり、機関区、電車区等の車両基地が隣接していた。幾条も並ぶ留置線は正月運休の列車が留め置きされているのか、貨車等で埋め尽くされている。写真の下部を東海道本線が横切る。写真左手で大きな弧を描く線路は大阪駅への回送線。右手は北方貨物線である。当地に東海道新幹線が東海道本線を跨いで建設され、新大阪駅が在来線との交差部分で1964（昭和39）年に開業した。◎1960（昭和35）年1月　撮影：読売新聞社

宮原操車場
周辺
1960年
（昭和35年）

東海道新幹線の終点新大阪。新幹線開業に当たり、東海道本線、新幹線の駅として、両路線の交差部分に建設された。開業前の姿で新在用の真新しいホーム上屋がいずれも輝いている。大阪駅から離れた当所に新幹線が建設されたのは、山陽新幹線構想等でさらに西へ延伸する際、近隣を通る北方貨物線上に高架橋を建設できる利便性を考慮したためといわれる。また、大阪駅構内に新駅を建設する土地がすでに無かったためともされる。開業当初の新幹線ホームは2面3線。下り列車は1日に30本の運転だった。◎1964（昭和39）年7月9日　撮影：朝日新聞社

戦乱の世に幾度もの合戦場となったことで知られる天王山。昭和の高度経済成長期に時代が移ると、山の東麓で従来からあった東海道本線、阪急電鉄京都線の近くに東海道新幹線、名神高速道路が建設され、主要交通機関の密集地帯となった。きれいな屋根が印象的な０系が写真手前を走り抜ける東海道新幹線は未だ開業前。東京オリンピック開催に合わせた開業に向けて、試運転を始めとした準備が着々と進められていた。写真左下の阪急大山崎駅のホームからは、傍らの高架橋を疾走する「夢の超特急」を眺めることができた。◎1964（昭和39）年８月　撮影：朝日新聞社

阪急梅田駅から並行して来た京都、宝塚、神戸の本線3路線は、十三駅の先で3方向に分岐する。宝塚線と神戸線を跨ぐ国鉄線は東海道本線の北方貨物線。神戸本線を跨いだ西方で東海道本線の旅客線と三角線を形成する。また、国鉄線と宝塚線が交差する東側にある側線群は宮原操車場だ。宮原機関区、客貨車区、電車区が隣接する一大車両基地だった。

鉄道100年の記念事業として1972（昭和47）年に開館した梅小路蒸気機関車館（現・京都鉄道博物館）では、動態保存の蒸気機関車を使用して東海道本線等に臨時列車を運転していた。1976（昭和51）年には京都駅～大阪駅開業100年と銘打ち、同館所属のＣ57 １号機が12系客車をけん引する記念列車を京都～大阪間で運転した。このうち京都へ向かう上り列車で途中、線路内へ入って撮影していた小学生が列車と接触し、死亡する事故が発生した。写真は向日町運転所（後の京都総合運転所 現在廃止）付近を走る下り列車。◎1976（昭和51）年９月４日　撮影：朝日新聞社

**京都駅周辺**
**1957年**
**（昭和32年）**

周囲に瓦屋根の木造建築物が目立っていた昭和30年代初頭の京都駅烏丸口。駅舎は1952（昭和27）年に竣工した3代目。1950（昭和25）年に発生した、火事による先代駅舎の消失を乗り越えて建設された。長大な構内を跨ぐ連絡橋とスイフト。写真右上には奈良電気鉄道（現・近畿日本鉄道京都線）ののりばがある。駅前通りには市電の軌道敷きが続く。その一方で駅舎近くに駐車場が設けられ、自動車の台頭を窺わせている。東海道新幹線の駅が未だ無かった時代、構内の南側に並行する八条通りが、今以上に広く見える。
◎1957（昭和32）年5月28日
撮影：朝日新聞社

京都駅烏丸口で駅ビルと対峙して建つ京都タワー。日本を代表する観光文化都市の鉄道玄関口で観光客を出迎える象徴的な建造物として、白い円筒形の意匠が採用された。タワーの根本である京都タワービルを含む高さは131mで、今日まで京都市街地随一の高層建築物になっている。タワーの開業は1964(昭和39)年12月28日。当時の京都駅は2階建て、一部3階、8階建てであり、タワーの展望室からは駅舎越しに構内の様子を展望することができた。地上ホームが並び、電車に混じって長距離を走る客車列車が発着していた。
◎1966(昭和41)年5月9日
撮影：朝日新聞社

京都駅の構内を南側上空から望む。整然と建ち並ぶ家並の様子から、駅前の八条通をはじめ、主要道路が碁盤の目状に街中を通っていることが分かる。写真中央部の奥に東本願寺の境内があり、周辺に建つ建物との対比が今様な古都を窺わせる。京都タワーがそびえ立つ京都タワービルをはじめ、駅前に高いビルが林立する烏丸口に対し、八条通から九条通に至る八条口方には、住宅と思しき瓦葺の家屋が密集している。駅構内の写真手前を横切る新幹線ホームは開業から15年の月日を経て、在来線の構内と調和した一体感を醸し出していた。
◎1979（昭和54）年11月20日
撮影：読売新聞社

**二条駅**
**1966年**
**（昭和41年）**

千本通と御池通が出会う京都
市街地の西部に設置された山
陰本線の二条駅。現在の山陰
本線で園部に至る京都口の区
間を建設した京都鉄道が、当
駅〜嵯峨駅（現・嵯峨嵐山駅）
の開業に伴い、1897（明治30）
年2月15日に開設した。本社
屋を兼ねた初代駅舎は1904（明
治37）年の竣工。歴史ある寺院
を彷彿とさせる重厚な構えの
建物は、構内が地平上にあっ
た平成の世に至るまで、現役
施設として使用された。現在
は京都鉄道博物館へ移設され、
同施設の玄関口として姿を留
めている。
◎1966（昭和41）年5月9日
撮影：朝日新聞社

琵琶湖の西岸を通り関西地区と北陸を結ぶ鉄道の構想は大正時代からあった。昭和30年代に入り、計画路線の一部区間が国
鉄の調査線から工事線に指定され、新路線が現実味を帯び出した。そして1967 (昭和42) 年初頭より路線の建設工事が始まる。
滋賀県大津市街地の北方に当たる京阪電気鉄道石山坂本線皇子山駅 (現・京阪大津京駅) 付近には、西大津駅 (現・大津京駅)
が建設された。頑強な高架橋と2面2線のゆったりとしたホームを備える高架駅が、開業まで1年余りを控えて輪郭を現した。
◎1973 (昭和48) 年3月19日　撮影：朝日新聞社

**大津駅周辺**
**1958年**
**（昭和33年）**

写真中央左側の建物は滋賀県庁。道路を隔てて建つ白いビルは複合文化施設の滋賀会館である。同施設は1954（昭和29）年に竣工し、映画館や図書館、結婚式場等、多岐に亘って使用された。しかし、老朽化を理由に2013（平成25）年に閉鎖され、翌年から約2年間かけて解体された。写真奥には国鉄大津駅が見える。当駅は大正時代に東海道本線の経路変更で、馬場（旧大津）～京都間の新線上に開設された。大津を名乗った駅としては3代目となる。家並に埋もれた市内は雑然とした雰囲気だが、現在は大津駅から初代大津（現・京阪電鉄のびわ湖浜大津）駅が置かれた琵琶湖畔に向かって、中央大通りが延びている。
◎1958（昭和33）年12月25日
撮影：読売新聞社

琵琶湖の畔に構内がある浜大津（現・
びわ湖浜大津）駅。京阪の石山坂本線
と京津線が乗り入れる。隣接する港に
は「びわ湖開き」の水上パレードに参
加する観光船が集まっている。「びわ
湖開き」は琵琶湖の安全、環境保全等
を啓蒙する催し物。例年３月の第２土
曜日に開催する。会場は大津港、びわ
湖大津館と大津港の沖合。当日、会場
の最寄り駅である浜大津は見物客で賑
わう。当駅は明治時代に東海道本線の
大津駅として開業。後に路線の経路変
更により支線の貨物駅となり、旅客駅
としては後に乗り入れた大津電車軌
道、江若鉄道の施設になった。
◎1958（昭和33）年３月５日
撮影：読売新聞社

東舞鶴駅周辺
1979年
（昭和54年）

南東側から望んだ東舞鶴駅。舞鶴線、小浜線の無煙化が
達成されてから10年余りの歳月を経た構内には、国鉄塗
装の二色塗りに身を包んだ気動車や、旧型客車が停車す
る。駅前から海に向かって４車線の広い道路が一直線に
延びる。舞鶴市には明治時代より大日本帝国海軍の基地
が置かれ、街は軍事の要所として発展を遂げた。湾口部
に建設された軍施設と人員、物資の輸送路となる鉄道の
繋がりは深く、周辺道路は早期に整備され、施設内へ延び
る引き込み線が敷設された。現在も写真左手に写る小山
の裏手に海上自衛隊の施設があり、艦艇が停泊する。
◎1979（昭和54）年12月15日　撮影：読売新聞社

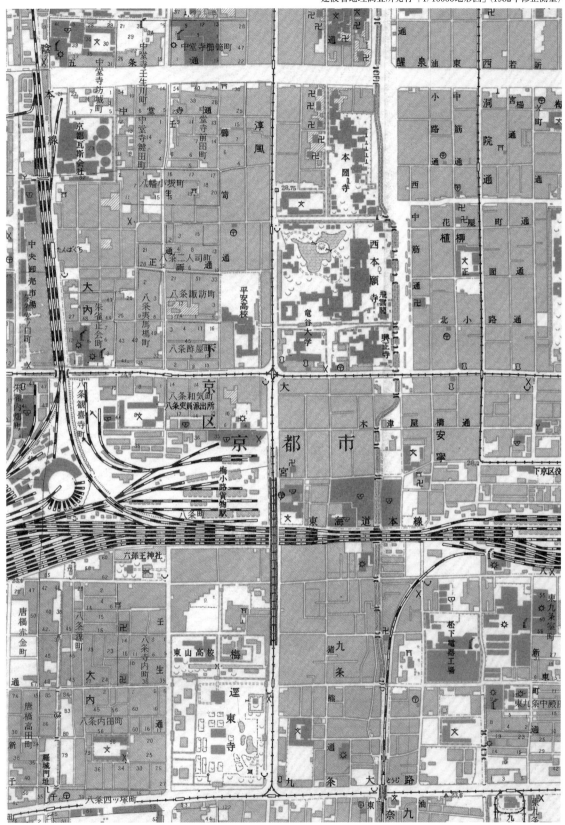

京都駅の西方には機関区、貨物駅があり、地域物流の拠点となっていた。梅小路貨物駅は現在京都貨物駅と名称を変え、東海道本線と山陰本線の分岐付近に構内を集約した。ホーム等が並んでいた旧構内は公園として再整備された。梅小路機関区の扇形庫は、鉄道100周年を記念して開館した梅小路蒸気機関車館（現・京都鉄道博物館）の一部になった。

# 第4章

近畿日本鉄道、
片町線・関西本線沿線

**上本町駅周辺**
**1986年**
**（昭和61年）**

大阪市内有数の繁華街、「上六(うえろく)」こと天王寺区上本町6丁目に建つ近畿日本鉄道の大阪上本町駅。大阪から近畿圏の各方面へ路線を展開する近鉄路線網の拠点である。大阪線、奈良線、難波線の電車が乗り入れる。写真中央にある屋上が駐車場になった長方形の建物は地上ホームの上屋で、下には7面6線のホームがある。また、地下3階に2面2線のホームを備える。当駅には、大阪市高速電気軌道(Osaka Metro)の谷町九丁目駅が隣接し、谷町線、千日前線との連絡駅でもある。
◎1986（昭和61）年10月5日
撮影：読売新聞社

**近鉄八尾駅周辺**
**1984年**
**（昭和59年）**

白壁のビル群を縫って街中を横切る高架線は近畿日本鉄道大阪線。その高架上に近鉄八尾駅がある。1978（昭和53）年に久宝寺〜河内山本間2.2kmが高架化された。それに伴い、駅構内は下り方へ300m移動した。駅構内も高架化されて2階部分に改札口、自由通路。3階部分にホーム施設が置かれた。2面2線のホームには準急以下の普通列車が、日中2〜12分の間隔で発着する。駅前のショッピングモールとは。ペデストリアンデッキで連絡し、終日に亘って人の流れが絶えない。
◎1984（昭和59）年4月19日
撮影：読売新聞社

小振りにまとめられた貨物を満載した荷車が、ホーム一杯に並ぶ放出駅の貨物ホーム。パレットに積んだ貨物をコンテナに積み込み、そのコンテナを大型重機を用いて貨車に積載する今様な貨物駅の情景とは一線を画す、人間味がにじみ出る眺めだ。当駅は関西地区東部の主要駅とを結ぶ貨物線、貨物支線の起点であった時期が長く、貨物輸送における拠点の一つとして位置づけられていた。貨物輸送形態の再整備が進んだ現在では、大阪への通勤通学客で賑わう旅客駅となっている。「はなてん」は全国屈指の難読駅名でもある。◎1958（昭和33）年2月　撮影：朝日新聞社

東海道本線の吹田貨物ターミナルからおおさか東線の神崎川信号場、正覚寺信号場を経て関西本線の平野駅に至る城東貨物線。市街地を直線的に進む様子は、大阪府布施市上空からの眺めだ。写真中央で貨物線を跨ぐ線路は近畿日本鉄道の奈良線。交差点付近に河内永和駅がある。隣駅の布施からは近畿日本鉄道の大阪線が分かれ、河内永和駅の南側で貨物線を跨ぐ。この付近にも俊徳道駅がある。放出〜久宝寺間は2008（平成20）年におおさか東線として旅客営業を開始。近鉄との交差部にJR河内永和駅、JR俊徳道駅が開業した。◎1961（昭和36）年4月2日　撮影：朝日新聞社

**奈良駅周辺**
**1984年**
**（昭和59年）**

地上駅時代の古都奈良市内の国鉄奈良駅。関西本線を始め、桜井線、奈良線の列車が乗り入れる。関西本線が無煙化されてから10年以上の歳月を経た当時の様子だが、構内左手には蒸気機関車が出入りした扇形庫が、まだ姿を留めている。主がいなくなった庫内には、廃車になったEF52等が一時期、留め置かれていた。写真手前の留置線には電車、気動車が停車している。奈良駅に隣接する車両基地は1965（昭和40）年に奈良機関区と奈良気動車区を統合して奈良運転所が発足。1985（昭和60）年に奈良電車区が発足するも、運転所は廃止された。
◎1984（昭和59）年4月19日
撮影：読売新聞社

大阪市内の大通り。千日前通りと上町筋の交差点付近に建つ近畿日本鉄道の上本町駅（現・大阪上本町）。1970（昭和45）年の難波線開業以前は地上にのみ乗降施設があった。駅前には大阪市電の上本町六丁目停留場があった。当停留場で上本町線と九条高津線、上本町下味原町線が連絡した。上町筋を通る上本町線は市電全廃前の1968（昭和43）年に廃止された。

# 第5章

## 南海電気鉄道・泉北高速鉄道、阪和線沿線

南海難波駅に隣接していた大阪スタヂアム。最寄り駅に因んでナンバ（難波）球場の通称でも親しまれた。プロ野球球団南海は第二次世界大戦後、堺市にあった中百舌鳥球場を拠点としていたが、立地の芳しくない施設を使う機会は多くなかった。大戦後、プロ野球を管轄したGHQから新たな球場を建設する許可が下り、1950（昭和25）年、大阪ミナミに新球場が竣工した。南海ホークスの他、在阪球団の近鉄パールス、大洋松竹ロビンスが本拠地とした。ホークスの売却、福岡移転等があり、球場は1998（平成10）年に閉鎖。その後解体され、跡地には複合商業施設「なんばパークス」が2003（平成15）年に開業した。◎1957（昭和32）年5月2日　撮影：読売新聞社

難波駅周辺
1957年
（昭和32年）

難波駅
1956年
（昭和31年）

南海電気鉄道の前身である阪堺鉄道が大阪と堺を結ぶ鉄道を1885（明治18）年に開業した際、民鉄では日本初となった駅舎が
建設された難波駅。昭和30年代の姿は9面8線の櫛型ホームにドーム形状の上屋4つが被さる洋風のいで立ち。現在と同じ
く南海本線、高野線の列車が出入りする。御堂筋に面した改札口側には駅と高島屋百貨店が入った南海ビルディングが建つ。
コリント様式のビルは、明治から昭和初期にかけて多くの近代建築を手掛けた久野 節（くの みさお）が設計した。
◎1956（昭和31）年8月　撮影：朝日新聞社

南海高野線の前身となった高野鉄道の起点として1898（明治31）年に開業した堺東駅。堺市の市街地から東に大きく外れた場所に開設され、周囲は閑散としていた。しかし1944（昭和19）年に市役所が近隣に移転。また第二次世界大戦下の空襲で、市街地が大きな被害を受けたこと等を機に、駅周辺が市街地化した。昭和30年代になって駅前の再開発が具体化し、ホームに隣接して百貨店が入る駅ビルを建設した。参詣鉄道の歴史を感じさせる寄棟造りの駅舎は、間もなく役目を終えようとしていた。◎1964（昭和39）年2月13日　撮影：朝日新聞社

**堺東駅周辺**
**1984年**
**（昭和59年）**

西口に百貨店の高島屋が出店する駅ビルが建つ堺東駅。明治時代に高野鉄道が当駅〜狭山間の鉄道を開業したことに伴い開設された。開業時の駅名は大小路だった。会社合併、社名変更を経て1947（昭和22）年に南海の駅になった。乗り場ホームは2面4線で、構内に留置線を備える。西口の南側に連なるビル群は堺市役所、裁判所等の官庁街。東側には反正天皇陵がある。駅の周辺は花田口、瓦町、新町、翁橋町等、飲食店や遊興施設が軒を連ねる歓楽街である。
◎1984（昭和59）年4月19日
撮影：読売新聞社

**堺市駅周辺**
**1984年**
**（昭和59年）**

和歌山方に橋上駅舎を備える堺市駅。駅の所在地は大阪府堺市の旧市街地東方で、開業当初の周辺地域は閑散としていた。しかし、昭和初期に大日本帝国陸軍の施設が当時の南河内郡金岡村へ移転したことに伴い、最寄り駅として阪和線の始祖である阪和電気鉄道が堺市停留場として開業した。第二次世界大戦後、高度経済成長下で沿線の宅地開発が進み、金岡団地、新金岡団地等ができて、市街地化が進んだ。また大正時代、駅に先立ち近隣に監獄（現在の刑務所）が開設された。写真左手奥の広場（運動場）がある施設は大阪刑務所である。
◎1984（昭和59）年4月19日
撮影：読売新聞社

国鉄と南海の4路線が市内を縦断する大阪府堺市。東方から国鉄阪和線、南海高野線、南海阪堺線（現・阪堺電気軌道）、南海本線の順に並ぶ。鉄道線3路線の間には、1km程の間隔がある。また、現在の阪和線堺市駅が駅名を金岡としていた頃、構内の和歌山方で左手に進駐軍用の専用線が分かれていた。線路は東方の金岡公園付近まで1.7km程延びていた。

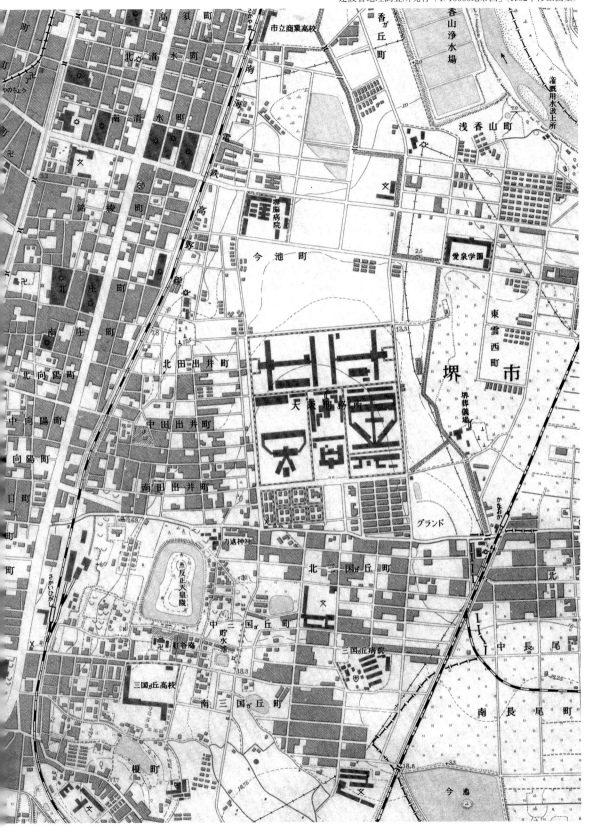

**泉ケ丘駅周辺**
**1989年**
**（平成元年）**

昭和40年代に入り、大阪府堺市南区南部、和泉市東部の丘陵地が大規模な住宅地として開発され、泉北ニュータウンが形成された。1971（昭和46）年に第三セクター会社泉北高速鉄道の泉北高速鉄道線が南海高野線中百舌鳥～泉ケ丘間で開業。路線は後に和泉中央まで延伸した。平成時代に入り、大阪府が泉ケ丘駅付近の緑地に大型児童施設の建設を計画。1999（平成11）年に大阪府立児童館ビッグバンが開館した。同施設は後に堺市が運営を受託し現在に至る。写真は自然豊かな緑地時代の光景。
◎1989（平成元）年10月3日
撮影：読売新聞社

**貝塚駅周辺**
**1954年**
（昭和29年）

大阪府の南部に位置する貝塚市。第
二次世界大戦終結から10年を経よう
としていた頃の情景は街並みが整
い、近郊部には田畑が続いて平穏な
日常が戻りつつあることを窺わせ
る。市内を縦断する南海本線と府道
204号線は、いずれも市街地で若干
外側に膨らんだ線形。貝塚駅から水
間鉄道の線路が東側へ延びている。
貝塚駅は南海鉄道が現南海本線の一
部区間となる堺〜佐野（現・泉佐野）
間を開業した1897（明治30）年10月
1日に開業。水間鉄道は1925（大正
14）年に貝塚南〜名越間で鉄道を開
業し、昭和期に入って貝塚駅まで乗
り入れた。
◎1954（昭和29）年11月12日
撮影：朝日新聞社

**東岸和田駅周辺**
**1984年**
**（昭和59年）**

北側に食料品等の問屋街が広がる地上駅時代の阪和線東岸和田。昭和初期にJR阪和線の元になった阪和電気鉄道が和泉府中〜阪和東和歌山（現・和歌山）間を延伸開業し、同時に当駅を開設した。阪和電気鉄道が南海鉄道に吸収合併された後の1941（昭和16）年に駅名を東岸和田と改称した。南海鉄道は第二次世界大戦中に国有化され、当駅は国鉄阪和線の施設になった。駅舎とホーム2本を連絡する跨線橋は1967（昭和42）年に増設された。街の中心部に近い南海本線の岸和田駅とは1.5kmほど離れている。
◎1984（昭和59）年4月19日
撮影：読売新聞社

大阪府南部の臨海都市として発展し、東南部に大阪府と和歌山県を隔てる和泉山脈をいただく泉佐野市。沿岸部に二本の府道が通り、やや内陸部に入った市街地で南海本線が緩いS字曲線状の線形を描く。写真左上に見える泉佐野駅は南海鉄道の終点として1897（明治30）年10月1日に佐野の駅名で開業した。しかし、僅か1か月後に路線はさらに和歌山寄りの尾崎村（現・阪南市）まで延伸された。当時は佐野も村制をしいていた。南海電鉄と同様に大阪と和歌山を結ぶ国鉄阪和線、国道26号線は、市内のさらに山手を通る。
◎1954（昭和29）年5月4日
撮影：朝日新聞社

1953（昭和28）年に施行された町村合併促進法に促されるかのように、和泉山脈北麓の長野町、三日市村、高向村、天見村、加賀田村、川上村が合併し、河内長野市が1954（昭和29）年4月1日に発足した。市内を通る鉄道は南海電気鉄道の南海高野線と近畿日本鉄道の近鉄長野線。両路線が出会う河内長野駅は旧長野町内で、写真の右手を流れる石川の西岸近くに開設された。1898（明治31）年に南海高野線の前身となる高野鉄道が狭山駅から延伸されて長野駅が開業。その4年後に近鉄長野線の祖である河南鉄道が、滝谷不動駅から延伸して同駅を終点とした。◎1954（昭和29）年4月1日　撮影：朝日新聞社

河内長野駅
周辺
1954年
（昭和29年）

東口が整備される前の紀勢本線和歌山駅。西口の駅ビルは駅名を東和歌山から和歌山に改称した年と同じ1968（昭和43）年の竣工。当時は「和歌山ステーションデパート」と呼ばれていた。ホームは5面8線で、紀勢本線の他、阪和線、和歌山線の列車が発着する、乗り場番号は1～5,7～9で6は欠番。9番乗り場には、南海貴志川線（現・和歌山電鐵）の電車が発着する。西口駅前から市内を流れる大河紀ノ川に向かって大通りが延びる。駅前には1971（昭和46）年まで、南海和歌山軌道線の路面電車が顔を出していた。◎1984（昭和59）年3月4日　撮影：読売新聞社

和歌山駅周辺
1984年
（昭和59年）

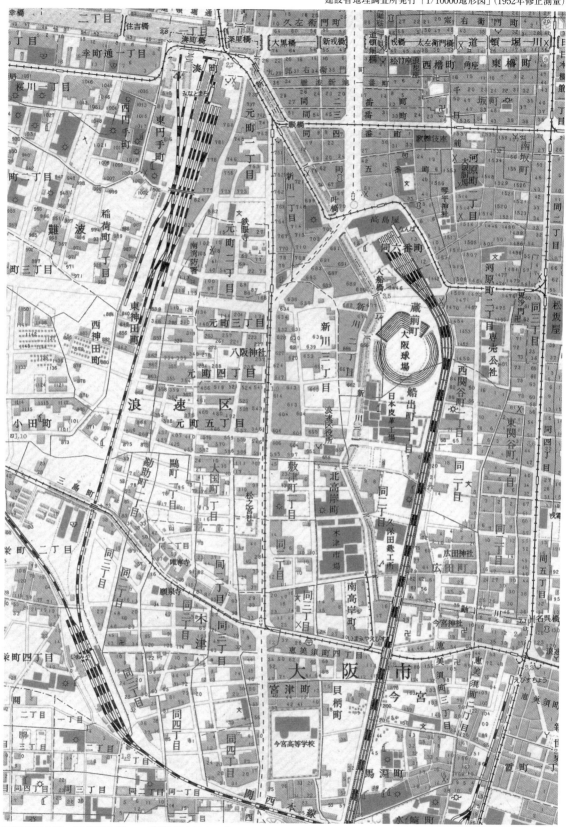

国鉄関西本線の終点湊町（現・JR難波）駅が地上にあった時代。駅構内は道頓堀川の岸辺から南方へ広がっていた。四つ橋筋、御堂筋を隔てた東方に南海本線の難波駅がある。現在、地下鉄と連絡する両駅の駅前には大阪市電の停留場がある。大阪市内を横断する千日前通りは付近で四つ橋筋と合流して道頓堀川方へ迂回し、湊町駅前を横切っていた。

# 第6章

## 京阪電気鉄道沿線

大阪府寝屋川市の北部に位置する香里園。当駅は1910 (明治43) 年。京阪本線の開業と同時に開設された古参駅である。昭和50年代末期の姿は駅舎が橋上化され、周辺にはマンションや住宅が密集する近代的な市街地の中に建つ。駅前付近を通る道路は大阪府下の八尾市と枚方市を結ぶ府道21号。京阪本線とは別経路で、大阪府の東部を横断する主要道の一つだ。道路を隔てて駅の東口と対峙する画面右手の多層階建てビルは、関西医科大学香里病院である。
◎1984 (昭和59) 年12月25日　撮影：読売新聞社

大阪府北側地域の中核都市枚方市。京阪本線の枚方市駅は市内中心部に開設された街の鉄道玄関口である。明治時代に天満橋〜五条間が京阪本線として開業した際、枚方駅とされたのが現在の枚方公園で、枚方東口が現在の枚方市の駅名だった。枚方東口は1949（昭和24）年に旧枚方駅との混同を避ける意味合いから「枚方市」と改称した。空から眺めた昭和末期の駅界隈は、ビルの街中に駅ホームが浮かびあがる近代的な装い。当駅は京阪本線の他、私市へ向かう交野線の起点でもある。
◎1984（昭和59）年4月7日　撮影：読売新聞社

枚方市駅周辺
1984年
（昭和59年）

淀川の東岸に開けた街、枚方市樟葉。川の近くに設置された京阪本線の樟葉駅は、京阪で大阪府下最北の地に位置する。昭和30年代までは人家もまばらな地域だったが、昭和40年代に入って京阪が主体となり宅地の造成、開発を始め、「くずはロータウン」として大阪市等の大規模なベッドタウンに成長した。1972年には日本初の広域型ショッピングセンター「くずはモール街」が駅に隣接して開業した。樟葉駅には現在、快速特急「洛楽」を除く、全ての定期列車が停車する。
◎1984（昭和59）年12月25日　撮影：読売新聞社

地上駅時代の四条（現・祇園四条）駅を特急が発車した。京阪本線はかつて、京都市内の三条まで鴨川の東畔を通っていた。京都市電が健在であった頃には、四条大橋の東詰め付近に、京阪本線との平面交差があった。駅は1987（昭和62）年に地下化され、翌年に路線の地下化が完成した。鴨川沿いの区間を地下化する計画は第二次世界大戦中より計画されていた。しかし、戦局が厳しさを増す中で同事業は頓挫し、治水対策として鴨川川底の掘り下げと堰を設置する工事が戦後まで続けられた。
◎1986（昭和61）年2月4日　撮影：読売新聞社

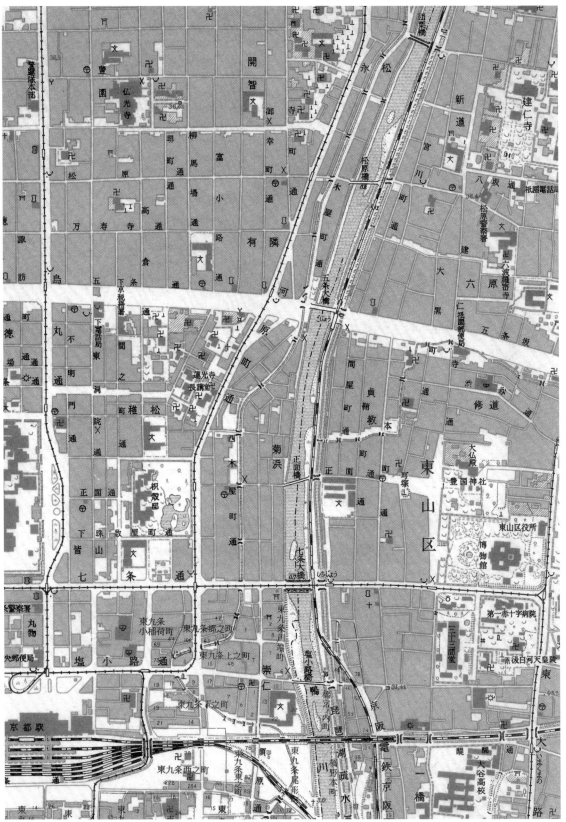

京都市電が健在であった頃の市内下京区、東山区界隈。各大路に軌道があり、塩小路線は国鉄京都駅構内の東方を跨いで九条通側へ延びる。また、鴨川を渡った東大路にも軌道がある。地図上にある京都駅前電停付近のループ線は1952（昭和27）年に廃止され、構内は折り返し式になった。三条通に向かう京阪本線は、七条駅付近から鴨川沿いを北へ延びる。

# 第7章

## 阪神電気鉄道沿線

大阪市街地の北西部で国道2号と北港通が出会う交差点付近には阪神電鉄の3路線が集まり、野田駅を中心に四方へ線路が広がる一大拠点となっていた。また、国道を挟んで大阪市電野田線の野田阪神電車前駅があった。自動車の往来が激しくなっていた周辺は1961（昭和36）年に阪神本線の野田〜淀川間が高架化され、野田駅は高架駅になった。軌道線の北大阪線、国道線は地上線のまま残ったが、両路線共1975（昭和50）年に廃止された。現在はJR東西線の海老江駅と大阪市高速電気軌道（Osaka Metro）千日前線の野田阪神駅が隣接する。
◎1956（昭和31）年8月
撮影：朝日新聞社

兵庫県の南東部を流れる武庫川の下流に架かる、阪神本線の橋梁上にホームを設置した武庫川駅。近畿日本鉄道との相互直通運転を開始する前で、ホームの車両有効長が6両であった時代だ。西口に隣接して武庫川線のホームがある。武庫川線は当駅と下流方の武庫川団地を結ぶ1.7kmの短路線だ。かつては当駅と国鉄西宮駅にも線路があり貨物列車を運転していた。阪神と軌間が異なる貨車を乗り入れるため、武庫大橋〜洲先間は三線軌条になっていた。武庫大橋〜武庫川間は1985（昭和60）年に廃止されたが、本線を潜る線路が本線との連絡線に繋がる引き上げ線として使われている。
◎1987（昭和62）年12月3日　撮影：読売新聞

関西随一の高級住宅地が広がる街として知られる兵庫県芦屋市。市内に駅を構える国鉄、阪急電鉄、阪神電鉄の3路線が通る。
これらのうち、最も市の海側を横切るのは阪神本線だ。芦屋駅は阪神本線出入橋（1948年廃止）〜神戸間の開業に伴い、1905
（明治38）年4月12日に開業した。芦屋川の西岸に駅舎があり、上下線ホームの東方は橋梁上に建設されて川を跨ぐ。駅の近
くには洋館風の建物が点在していた。地元では国鉄駅と区別して「阪芦」と呼ばれることもある。
◎1955（昭和30）年8月　撮影：朝日新聞社

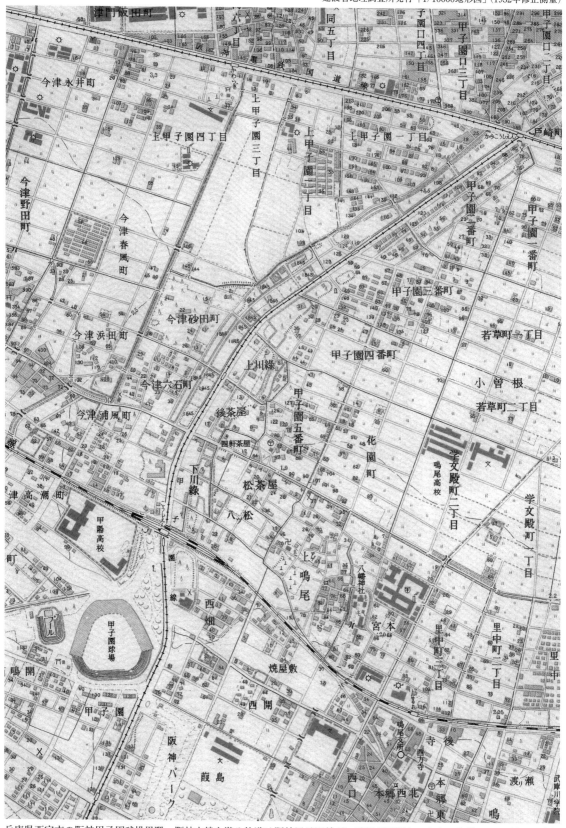

津門阪田町
今津永井町
上甲子園四丁目
上甲子園三丁目
上甲子園二丁目
上甲子園一丁目
甲子園口三丁目
甲子園口四丁目
甲子園口二丁目
六丁目
五丁目
かみこうしえん
戸崎町
今津野田町
今津春風町
甲子園一番町
甲子園一番町
甲子園二番町
今津砂田町
甲子園三番町
若草町一丁目
今津浜田町
甲子園四番町
小曽根
今津六石町
上川線
甲子園五番町
若草町二丁目
今津浦風町
後茶屋
四軒茶屋
花園町
鳴尾高校
学文殿町二丁目
津高潮町
下川線
松茶屋
八ツ松
学文殿町一丁目
甲陽高校
八幡神社
上鳴尾
里中町二丁目
里中町一丁目
甲子園球場
西畑
宮本
焼屋敷
鳴尾
鳴開
西開
寺後
甲子園
渡り類
阪神パーク
葭島
西口
本郷西北
本郷西
武庫川学院
本郷東
鳴

兵庫県西宮市の阪神甲子園球場界隈。阪神本線を潜る軌道は阪神甲子園線だ。球場が開場してから2年後の1926（大正15）年に開業した。当初は甲子園〜浜甲子園間を結び、昭和時代になって浜甲子園〜中津浜間、上甲子園〜甲子園間が延伸開業した。1973（昭和48）年に浜甲子園〜中津浜間は廃止。残り区間も1975（昭和50）年に、同じ軌道線の国道線とともに廃止された。

# 第8章

## 阪急電鉄、
## 福知山線沿線

**十三駅周辺**
**1984年**
**（昭和59年）**

阪急随一のターミナル駅、大阪梅田と淀川を挟んで対峙する十三駅。始発駅から京都本線、宝塚本線、神戸本線が並行する。当駅より先で各路線が3方向に分かれるので、構内は扇子を畳んだような形状となっている。ホームは最も西側の1、2号線が神戸本線。3、4号線が宝塚本線。4、5号線が京都本線用である。なお阪急では乗り場を「号線」と呼称する。また、神戸本線と宝塚本線の間には引き込み線がある。嵐山線の嵐山駅と神戸、宝塚を結ぶ臨時直通特急は、この施設を使って京都本線と、神戸、宝塚本線を転線する。直通特急は春、秋の行楽期等に運転する。
◎1984（昭和59）年4月13日
撮影：読売新聞社

**豊中駅周辺**
**1984年**
**（昭和59年）**

急曲線区間にホームがある地上時代の
阪急宝塚線豊中駅。構内の北側に大屋
根を葺かれた駅舎が建つ。駅舎とホー
ムは跨線橋で連絡した。ホームは相対
式の2面2線。1997（平成9）年より曽
根〜当駅間で連続立体交差化工事が始
まり、当駅は2000（平成12）年に高架化
された。それに伴いホームは島式1面
2線になった。宝塚方に当駅止まりの
電車が使用する引き上げ線。大阪方に
留置線がある。北口周辺には住友銀行
（現・三井住友銀行）等、多くの金融機
関が建ち並ぶ。平成時代に大鉈が振る
われた銀行の合併統合で、ほとんどの
金融機関は名称を変えた。
◎1984（昭和59）年4月14日
撮影：読売新聞社

高架化工事途中の阪急宝塚線の池田駅周辺。川西能勢口方で猪名川に向かって建設されている新線は、駅の手前で小径な曲線を描いて本線と繋がっている。昭和50年代初頭の駅構内はホーム2面1線。当駅に隣接して車両基地の池田車庫が猪名川の岸辺近くにあった。しかし、車両の増備等で手狭になっていた施設は、高架化工事、橋梁の嵩上げ事業を機に、雲雀丘花屋敷駅〜山本駅間に新設された平井車庫へ移転した。ゴルフ練習場やテニスコートになった池田車庫の跡地には現在、マンションが建っている。◎1975（昭和50）年1月　撮影：朝日新聞社

女優で編成された宝塚歌劇団が本拠地とする宝塚大劇場が建つ兵庫県宝塚市。元は阪急電鉄が沿線の鉄道需要を高めるべく、文化活動の展開や宅地造成に注力した結果、誕生した街だった。市の中心部に阪急宝塚本線の終点にして今津線の起点である宝塚駅がある。阪急線の北側には、国道176号線を隔てて国鉄福知山線が通る。国鉄の宝塚駅は阪急の駅と対峙するが、国道周辺が再整備されるまで、阪急の駅付近には何棟もの建物があった。◎1978（昭和53）年10月　撮影：朝日新聞社

**宝塚新温泉周辺**
**1952年（昭和27年）**

武庫川の岸辺に建つ劇場を中心とした森は
「宝塚新温泉」。阪急電鉄の前身である箕面
有馬電気鉄道は1910（明治43）年に梅田～
宝塚間の鉄道を開業。鉄道利用客の誘致を
図り、翌年に同施設を開園した。後に宝塚
歌劇団の大劇場や遊園地、動物園等を備え
た行楽施設は、1960（昭和35）年に「宝塚ファ
ミリーランド」と改称した。しかし観光、
行楽の多様化で来場客は減少。2003（平成
15）年4月27日に閉園となった。また、別
れを惜しむ来客の要望に応えて延長した、
区画限定の営業も8月31日を以って終了し
た。
◎1952（昭和27）年10月12日
撮影：朝日新聞社

阪急電鉄伊丹線の終点伊丹駅。大正時代に開業した駅の周辺は1968（昭和43）年に高架化された。高架化に伴い、駅構内は北西方へ約150m移動した。当時の構内配線はホーム2面3線で、西側ホームの外側に敷地が確保されていたものの線路は敷設されなかった。1995（平成7）年1月17日に発生した阪神淡路大震災で駅は被災。駅ビルの倒壊等、大打撃を受けた。仮駅で営業を続けながら、1999（平成11）年に約4年の歳月をかけて新駅ビル「Reita」が竣工。ホーム等の駅機能はビルの三階に移された。◎1972（昭和47）年5月7日　撮影：朝日新聞社

伊丹駅周辺
1972年
（昭和47年）

伊丹ショッピングデパート

Nagasakiya
Sun Shopping Center

阪神相互銀行

**西宮北口駅周辺**
**1980年**
**（昭和55年）**

名神高速道路が大きな弧を描く兵庫県西宮市の街中に大規模な車両基地がある。西宮車庫は阪神急行電鉄が神戸本線の前身となった、十三〜神戸（後の上筒井）間を開業した際に開設された。また、同施設は車両の整備、保全等を行う工場を併設していた。神戸、宝塚線系統の車両を受け持っていたが、昭和40年代に入って両路線の架線電圧が600Vから1500Vへ随時引き上げられたのを機に、修繕、検修機能全般を京都本線の正雀へ移した。最寄り駅の西宮北口構内には、神戸本線と今津線の複線平面交差が1984（昭和59）年まであった。
◎1980（昭和55）年5月27日
撮影：読売新聞社

天神橋筋と都島通が交差する天神橋
筋6丁目交差点。現在、大阪と京都
を結ぶ阪急京都線の祖となった新京
阪鉄道は、大阪側の起点駅を市内で
戦前屈指の繁華街に開設した。線路
が覗く駅構内の先に天神橋駅（後の
天神橋筋六丁目駅）が入る新京阪ビル
ディングが建つ。当駅より長柄駅を
経て淀川を渡った線路は、淡路駅で
現行の阪急電鉄京都本線へ続いてい
た。後に同区間は阪急千里線の一部
となり、天神橋筋六丁目駅は地下化
された。象徴であった新京阪ビルは
2003（平成23）年に解体され、鉄道の
面影を喧騒の中に今日見つけるのは
難しい。
◎1930（昭和5）年
撮影：朝日新聞社

天神橋駅周辺
1930年
（昭和5年）

茨木市駅周辺
1984年
(昭和59年)

施行時特例市の大阪府茨木市の市街地
にある、阪急京都線の茨木市駅。周辺の
立体交差化工事が進む中で、高架駅に
なった頃の様子だ。西口には路線バス
乗り場、駐車場が整備された。高架ホー
ムは2面4線で、中央部を複線の本線が
通り、その両側に速達列車等の通過を
待つ普通列車が発着する待避線がある。
また京都方に引き上げ線があり、当駅
で折り返す電車が使用する。現在は一
部の快速特急等を除き、全ての定期列
車が停まる当駅だが、特急が停車する
ようになったのは2001(平成13)年から
だった。東海道本線の茨木駅は西方に
約1km離れている。
◎1984(昭和59)年4月19日
撮影:読売新聞社

阪急電鉄京都線のほぼ中間地点に位置
する高槻市駅。駅構内の両側に踏切が
ある地上駅時代の様子だ。構内外れに
保線用車両等を留め置く側線があっ
た。高槻市は高度経済成長期以降に京
都、大阪のベッドタウンとして人口が
急増した。増便で過密化する電車運行
と各所で渋滞しがちになっていた地域
の道路事情を両立して問題を解消すべ
く、立体交差化工事が1981（昭和56）年
から始まった。工事中は構内の引き上
げ線が使用できなくなるため、京都方
に高槻東信号所を設置した。やや距離
を空けて市内を並行する東海道本線の
高槻駅とは、約600m離れている。
◎1984（昭和59）年４月19日
撮影：読売新聞社

阪急千里山線の終点であった千里山駅。北大阪電気鉄道が、現在の大阪府吹田市の中西部に位置する千里丘陵に鉄道を開業した際に開設された。同車は阪急電鉄をかたちづくった鉄道会社の一つである。駅の東側に建つ多層階の建物群は千里山団地。日本住宅公団が昭和30年代に丘陵地を造成し、新たな住宅地を開発した。一方、駅の西側には大屋根を備えたお屋敷街が広がる。こちらは高級住宅街として知られた千里山住宅地。日清食品の創業者安藤百福氏、元プロ野球選手、監督の三原脩氏、作家の筒井康隆氏等、各界の著名人が暮らした。
◎1960（昭和35）年　撮影：読売新聞社

**牧野和人（まきの かずと）**

1962年、三重県生まれ。写真家。京都工芸繊維大学卒。幼少期より鉄道の撮影に親しむ。平成13年より生業として写真撮影、執筆業に取り組み、撮影会講師等を務める。企業広告、カレンダー、時刻表、旅行誌、趣味誌等に作品を多数発表。臨場感溢れる絵づくりをモットーに四季の移ろいを求めて全国各地へ出向いている。

**【写真撮影】**
朝日新聞社、読売新聞社

朝日新聞社機、読売新聞社機が撮った
# 空から見た関西の街と鉄道駅
## 【1950〜80年代】

発行日 ····················2022年8月10日　第1刷　※定価はカバーに表示してあります。

著者 ·······················牧野和人
発行者 ····················春日俊一
発行所 ····················株式会社アルファベータブックス
　　　　　　　　　　　〒102-0072　東京都千代田区飯田橋 2-14-5 定谷ビル
　　　　　　　　　　　TEL. 03-3239-1850　FAX.03-3239-1851
　　　　　　　　　　　https://alphabetabooks.com/

編集協力 ················株式会社フォト・パブリッシング
デザイン・DTP ·········柏倉栄治
印刷・製本 ··············モリモト印刷株式会社

ISBN978-4-86598-885-7　C0026